AF617529

ANOCHE SOÑÉ QUE SOÑABAS QUE SOÑABA CONTIGO

RELATOS, DIBUJOS Y CANCIONES POP

Tres Piezas

Textos de Pau Forner

Prólogo de Joan Trias

Ilustraciones de Carlos Riera y Gabi Bonet

Canciones de Tres Piezas

Primera edición: abril, 2024

Título original: Anoche soñé que soñabas que soñaba contigo.

Autor: Pau Forner de los textos.
Joan Trias del prólogo.

Ilustraciones: Carlos Riera y Gabi Bonet.

ISBN: 978- 84- 128217-3-4

Edición CD: Runaway.

Edición libro: Rapitbook.

Rapitbook Editorial
www.rapitbook.com

Impresión y encuadernación: Impresrapit
www.impresrapit.com

Impreso en España - *Printed in Spain*

Agradecimientos

Gracias a

Peter por aceptar ser partícipe de esto con Runaway. A Pep Toni y su casi infinita paciencia en Estudis Favela. A Xisco, Marito y Lava Fizz por nuestra primera vez. A Xavi y Sa Fonda por tratarnos tan bien. A Noelia, Pepe, Lorena, Samu y resto del team por permitirnos formar parte de Es Gremi en su aniversario más especial. A Lydia, Carlos y Cabrón por invitarnos a la noche Mutante más cabrona. A The Ripples, Notodoesindie y Túnnel por esas pedazo precampanadas, qué bien lo pasamos. A nuestras familias por aguantarnos. A Inés, Clara, Majo, Pris, Raixa y en definitiva a todas las piezas que nos habéis acompañado en nuestros conciertos... moláis mucho, no como nosotros. A Paco que a veces hasta contesta los WhatsApps y nos animó a arrancar. A Joan Trias por su prólogo, se nos chafó la sorpresa pero quedó genial igual. A Andrés, Tonio y Rapitbook por ayudarnos a que este libro quede así de bonito. A El Día Eléctrico por darnos luz. A Pinxo, Jonatan y compañía por invitarnos a reivindicar a The Cure. A Javi, fotógrafo del pop, por currárselo tanto. A quienes habéis ayudado a inspirar las letras, melodías, textos e ilustraciones. A Nuria, Dani y Esteve por tener un festival tan bonito como Es Cranc y dejarnos tocar en él. Al equipazo de Mallorca Live Festival.

ÍNDICE

PRÓLOGO

Siempre he creído que ser músico es un desafío nada fácil. Soñar con dedicarse a conectar con gente desconocida que nunca antes has visto (y que probablemente nunca verás), pretender crear de la *casi nada* historias vestidas de notas sonoras, estudiar y trabajar duro para que —a la postre— muchos piensen que eso de tocar en una banda es un mero pasatiempo o pasar semanas practicando la misma melodía para que alguien la disfrute durante solo unos minutos, es, cuando menos una locura.

Pero ahí está el mundo, lleno de *chalados (1)* con sus propias extravagancias y ensoñaciones que, tal vez, terminen por trascender como arte en mayúsculas hecho sobre partitura y plasmado en vinilo, en cinta, en disco digital o en bits escritos con ceros y unos. Por ello no me achanta asegurar que algo especial debe haber en eso de concebir canciones que tanto engancha, alegra, entristece, preocupa, anima, divierte, emociona o encoge el corazón como para que no se quiera abandonar una vez lo hayas experimentado. Y precisamente un atisbo de esa sensación puede recorrer al lector una vez se adentre en las páginas que vienen a continuación.

A veces, como ahora, recuerdo a *Frank Zappa (2)*, quien con su acidez lúcida (o lucidez ácida, según se prefiera), decía que hablar de música era «como bailar sobre arquitectura», sugiriendo que la composición debe sentirse más que explicarse lógicamente como si esa interpretación fuera como un edificio de cemento armado. Este recuerdo, aunque Zappa en su aspecto personal e ideológico me parezca algo mezquino a pesar de ser un gran músico, me hace tener cierto recelo al escribir sobre la música que descubriremos en este libro. Por ello, más que el de redactor, me pondré el traje de músico que está colgado a su lado (algo polvoriento por el desuso) y concluiré estas líneas como si fuera un *pasajero (3)* más o un soñador melómano adicional en el viaje que está a punto de comenzar.

Porque aquí, efectivamente, nos espera un viaje (o tal vez unos cuantos) a la memoria de una banda que no fué pero en la que todo músico querría entrar a formar parte. Unos «no recuerdos» llenos de bailes, inicios desalentadores, encuentros fortuitos, desencuentros sentimentales, éxitos inesperados a la par que anhelados, anécdotas fantaseadas revividas con pasajes personales de protagonistas irreales —o no tanto— quienes, con esa magia que la música es capaz de crear, terminan por dar perfecto sentido a este *puzzle escrito (4)*.

Una composición en bloques creativos que culmina con la gestación de la banda —la de verdad— que cierra estas páginas con una muestra de canciones que pueden llegar a emocionar, divertir, enganchar o hacernos bailar y que, quien sabe, si algun dia convertirse en unos hits tan grandes como los que se recomiendan escuchar mientras dura cada lectura.

De hecho, debido a mi corazoncito de compositor pop que se deja influenciar por lo que le gusta mucho, he querido seguir la bonita propuesta de éste libro disco y del de su antecesor 'Días de pop' reproduciendo una playlist al uso mientras escribo este texto para que me permita, al igual que Jack y su grupo, amasar cierta inspiración y afianzar la idea de creer firmemente en que las composiciones musicales son las creaciones ideales capaces de conectar almas a través de sus sonidos.

¿Y qué más dará si los *humanos (5)* que encontraremos por aquí son muy o nada reales? Lo que me ha impresionado es que después de todo y gracias a las canciones: *todas las piezas encajan (6)*.

PD: Durante la redacción de este prólogo sonaron:

1. Crazy=Genius / Panic! At The disco
2. Joe's Garage / Frank Zappa
3. The passenger / Iggy Pop
4. Jigsaw Falling Into Place / Radiohead
5. Human / The Killers
6. Anoche soñé / Tres Piezas

Joan Trias

RELATOS, DIBUJOS

LA GRAN CRISIS DE TRES PIEZAS

THE BEACH BOYS - Wouldn't it be nice?

Desidia, falta de ganas, rutina, hartazgo... muchas son las razones por las que Tres Piezas estuvieron a punto de separarse. Estar de gira casi dos años y estando fuera de casa más de cincuenta semanas en ese tiempo puede parecer muy divertido cuando empiezas. Pero cuando el hedonismo y las ganas de juerga se reducen, se convierte en cansancio, malas caras y enfados. Siempre nos hemos llevado bien entre el grupo, pero hemos tenido nuestros choques, supongo que como en cualquier grupo de amigos. Y es que nosotros antes que un grupo de rock (o más bien de pop), éramos eso, un grupo de amigos. Desde luego más familia que compañeros de trabajo. En realidad, éramos todo eso.

Reconozco que mi relación de pareja y mi ruptura pasajera influyó en mi desánimo. Pero hubo más cosas. Como aquel día que cansados de esperar a Paco en la puerta del hotel decidimos poner rumbo a la siguiente ciudad. Javi había subido a avisarle a la habitación del hotel. La noche anterior había sido larga. Finalmente cuando Paco bajó ya hacía más de tres cuartos de hora que nos habíamos largado. Si hubiera sido menos tiempo, seguro que hubiéramos vuelto pero decidimos irnos. Su reacción fue decir que no venía al concierto. Finalmente llegó en taxi, una carrera de casi quinientos kilómetros, debió estar contento el taxista.

Ahora nos reímos, pero en esa época había tensiones casi continuas. Por el hotel, por dónde cenar, porque uno había trasnochado más de la cuenta y no llegaba a la prueba de sonido... A veces eran chiquilladas, pero otras eran muestras de profesionalidad importantes. El promotor nunca llegaba a enterarse, pero más de un bolo estuvo a punto de no hacerse y desde luego en alguno caía la intensidad por la falta de cuidado.

De un tiempo a esta parte nos hemos vuelto más selectivos. Más de uno sale a correr la mañana de después de un concierto. O va temprano al gimnasio. En aquella época como mucho caía un chapuzón rápido en la piscina antes de dejar el hotel, en más de un caso sustituto de la ducha. Antes nuestro manager nos pedía que no cerráramos los festivales en que tocábamos. Literalmente nos tenían que echar de los backstages. Últimamente incluso hay veces que ni aguantamos a ver artistas que admiramos si tocan más tarde de las dos.

Esa calma se nota en nuestras canciones. En esta nueva etapa daremos menos conciertos pero serán fechas muy especiales. Queremos preparar cada concierto como si fuera el último. Con cambios en el repertorio en cada actuación y sorpresas cada noche. Así que muy ilusionados con la gira de «Anoche soñé». Ganas de despertarnos y que sea verdad.

LA DIJEY

METRONOMY- Things will be fine

Un capullo me tiró la copa. ¿Qué cómo sé que era un capullo? Pues porque me dio con todo el codo y lejos de disculparse se rio cuando vio que se me caía el vaso al suelo y se giró airoso. Cuando hay algo que va mal siempre hay alguien que te recuerda que las cosas pueden empeorar. Menudo plantón en toda regla. Habíamos quedado en vernos en el mismo garito donde nos habíamos conocido. Íbamos a ir a cenar el viernes por la noche, pero me escribió esa misma tarde que no se acordaba de que tenía otra cena. Yo le mentí diciendo que no importaba, pues yo también había medio quedado con unos compañeros del trabajo. Mentira. «Genial» me dijo y quedamos en tomar una copa a las dos en el garito que nos habíamos conocido la semana antes.

El viernes anterior quedé como cada viernes con los amigos de siempre. Cuando ya me iba la conocí. Muy simpática. Le hizo gracia como bailaba y nos pusimos a hablar.

Lo de siempre. Al día siguiente había quedado con unas amigas para ir de excursión y me dijo que se tenía que ir, pero nos dimos los teléfonos. Esa semana estuvimos interactuando y me dijo que le apetecía que fuéramos a cenar juntos el siguiente viernes. Estaba tan ilusionado que cuando me dijo que podíamos vernos después de su cena, pues me inventé que también había quedado. La verdad es que estuve haciendo tiempo solo en casa hasta las dos.

Y en ese momento ahí estaba, solo dando vueltas en busca de ella, con la camiseta empapada y recogiendo los trozos de cristal del suelo. Ni si quiera había respondido mis mensajes. Pensaba irme a casa, pero la música era buena y tal vez podía conocer a alguien. Sonaba Metronomy, me gustaba. Siempre me había dicho a mí mismo que alguna vez tenía que probar a salir de marcha solo. Pues ese era el momento. De camino a la barra, por segunda vez en menos de cinco minutos, reparé en la Dj. Era guapísima. Le sonreí y ella me devolvió la sonrisa. Estaba seguro. Sí, me iba a quedar. Después de aquel cruce de miradas no se me ocurría nada mejor que hacer en mi casa. Tame Impala, The Smiths, Digitalism. La sesión era perfecta. Me pareció buena idea acercarme a decírselo, pero ella me hizo gesto de no entenderme. Un segurata vino a decirme que no la molestara. Ella sonrió y le indicó mediante muecas que todo estaba bien. Le dije que luego quedábamos gesticulando. Ella sonrió asintiendo y siguió poniendo temas. Después de todo no estaba tan mal la noche.

Por suerte ese local no cerraba tarde. A las cuatro cuando se encendieron las luces estaba sonando «More than this» de Roxy Music, bonita manera de cerrar. Ella se bajó. Pasó a mi lado y tenía que haberlo visto venir. Le dio un abrazo al capullo de antes. Patética forma de acabar la noche. Pero bueno, durante un rato estuvo bien. Cogí un taxi y sin más me piré a casa. Al día siguiente la chica con la que había quedado se dignó a contestar. Al parecer ella no pensaba que habíamos quedado en firme. Qué rabia, o se queda o no se queda. Eso de quedar en firme no lo he entendido nunca. En fin, le propuse quedar pero justamente la noche anterior lo había arreglado con su ex. *Shit*... al final siempre alguien te recuerda que puede ir a peor.

Buah, qué más daba. El viernes que viene la DJ pinchaba otra vez. El lunes estaba ilusionado a tope. Seguro que el viernes que viene la cosa iría genial...

LOS VERDADEROS DÍAS DE POP

La grabación del primer EP de Tres Piezas (más o menos real)

LOST FILLS - Amor Balear

Sabrina Salermo, el «Common people» de Pulp, las palmas de Tomeu Peña, los Guided by voices... la variedad de referencias que sonaron y se comentaron aquel sábado de febrero de 2020 fueron de lo más variadas... perfecto para la grabación de un proyecto que se llamaba «Días de pop».

Pep Toni Ferrer tuvo un cariño y una paciencia casi infinita con nosotros. Luego matizaremos ese casi.

Mi amigo Pablo tuvo la feliz idea de regalarme el grabar uno de mis temas en *Estudios Favela*. Mi resto de amigos apoyaron la ocurrencia. Así es como un día quedamos con Pep Toni para que escuchara la demo que queríamos grabar. Enseguida ya puestos dije que grabaríamos dos temas y él se vino arriba y ya metidos en faena dijo que cuatro y así tendríamos un EP. La condición era grabar de forma rápida en un sólo sábado.

Lo que iba a ser un sábado acabó siendo una tarde. Grabamos el disco de cuatro a diez, en unas horas. Algo más de una hora por tema grabado. Empezamos con «Mentira», tema de estructura muy sencilla, a priori el más fácil de grabar y probablemente el que peor nos quedó. Por aquella época queríamos darle un sonido sesentero, a nuestro batería Carlos le parece nuestro tema más flojo. A mí me encantan los arreglos que le metieron entre Pep Toni y Gabi, guitarra y soniditos del grupo. Y aún me gusta más como suena en directo llevada a un ritmo ramonero.

La siguiente en grabar fue «Mi Trapecio», a priori el *hit*... una canción sencilla (como todas) de las primeras que compuse. «Dime 8 palabras Vicky» y las apunté antes de irme a la cama. Rápidamente me tuve que levantar y grabar la melodía y la letra que tenía en la cabeza. Cambié «lámpara» por «luz», el resto de palabras del listado que apunté estaban metidas en la canción. El grupo le dio un rollo muy guay con el desarrollo de la segunda parte. Al principio entraba cantando mal siempre, ahora sólo lo hago regular.

La tercera, «El aeropuerto de Helsinki». Ahí Pep nos dio un subidón. «Es lo mejor que habéis tocado hoy», que probablemente se traducía en «por fin algo decente». Quedó brutal. Cuando la llevé a la sala de ensayo la llamaban «Chernobyl» porque producía casi terror. Yo insistía que la tenían que llevar a «Santos que yo te pinte» de Los Planetas. Al final ni tanto ni tan poco. Me flipa cómo quedó.

Y empezó el show. Llevábamos dos temas «Montaña rusa» y «Otra vez». Paco, bajista y el más experto en grabaciones, dijo que grabáramos «Montaña». La otra la habíamos transformado apenas una semana antes a partir de un *riff* de Gabi que la llevó a otra dimensión. De ser casi una balada la llevamos a ser nuestro tema más bailable. Nuestro «Common people» decíamos nosotros. Nuestro «Boys, Boys, Boys» decían Pablo y Pep Toni. Aquí Javi, guitarra acústica, Gabi, Carlos y yo lo teníamos claro en una dirección. Paco en la otra. Por suerte Pep Toni se tiró hacia la que luego sería nuestro mejor single (que no significa mucho, pero es así).

En Estudios Favela han grabado grupos como Lava Fizz, Jane Yo, Bilo, Jorra i Gomorra, Nita, Peligro!, Zulu Zulu... Y eso sin contar los grupazos de Urban con quien comparten local (conviven ambos estudios cada uno con su espacio) encabezados por los mismísimos Sexy Sadie.

Al acabar ese sábado Pep Toni fue muy claro... «no se salva una voz». Así que quedamos dos tardes más para grabar voces y arreglos.

Finalmente el momento en que matizo el «casi» de la paciencia de Pep Toni. Quedamos un día para pulir cositas de la mezcla (que estaba perfecta para mi gusto). Pep Toni tuvo el buen gusto de reforzar mis voces subiendo aún más la voz de Gabi. Le habíamos pasado unos comentarios que, en algunos casos nos contradecíamos entre nosotros... supongo que por eso cuando Carlos le empezó a explicar no sé qué de una caja y un bombo que no iban a tiempo Pep Toni le cortó con un «si sólo te preocupa eso...» a día de hoy aún se lo recordamos. A partir de ahí todo nos pareció perfecto.

Era un lunes. El viernes por la mañana nos entregaba el máster definitivo, aunque el sábado anterior ya habíamos pinchado «Otra vez» en la fiesta posterior del concierto de Novedades Carminha organizado por Mallorca Live. Era un 13 de marzo. Estábamos bien felices. Ese día nos confinaron, aunque esa es otra historia.

PLUG IN BABY

PJ HARVEY - Is this love?

Toda la vida me habían llamado la atención las chicas con guitarra. Sé que suena mal pero me parece sexy una chica con bajo o guitarra... Y allí estaba ella, pura actitud. ¡Cómo rasgaba esas cuerdas! Por encima de la música lo que me llamó más la atención fue su saber estar sobre el escenario, se le quedaba pequeño. Vale, tampoco es que fuera muy grande pero si hubiera sido un concierto en un campo de fútbol ella con su sola presencia lo hubiera llenado igual. Tal era su energía que acabó rodando por el suelo, era un espectáculo verla en acción aguantando la guitarra contoneándose y arrastrándose sobre la espalda, como con espasmos, como si ahuyentara sus demonios... Apoteósico. Fue tan brutal que hasta se me olvidó que solo era un play-back para televisión. ¿Qué canción sonaba? Ni idea, pero ella era sublime...

PLUG IN

CRB17

ADIÓS (SIEMPRE NOS QUEDARÁ EL FIB)

M83 - Midnight city

Huele a despedida, la tienes delante, la miras, te sonríe y tú le devuelves la sonrisa pero sabes que se está acabando... Mezcla de ternura, agradecimiento pero en realidad lo que más pesa es la sensación de alivio.

No quieres decir adiós, te remites a los buenos tiempos pero la música se está apagando. Es inevitable, pronto el dj pondrá la última canción, probablemente una lenta y se encenderán las luces y en sus ojos verás algo familiar, reconfortante pero al mismo tiempo sabrás que es el momento de la despedida...

Se desvanece la música y cuando debiera surgir la pasión o por lo menos el confort de la ternura, no notas nada y sabes que ha llegado el momento... mejor que cada uno siga su camino, tal vez os volveréis a encontrar pero sabes que es mejor por un tiempo dejarte de ver, mejor frecuentar otros garitos. Es lo mejor para los dos... la melodía es bonita pero la letra duele, así que ya sabes que lo mejor es parar.

INDIO

INDIA

NICK DRAKE - Northern Sky

Era de los nuestros. De eso no tuve la menor duda en cuanto la vi. ¿India o Salmón? India, solo con verla lo supe. Acerté pues no era solo una pose, le acompañaban sus gustos musicales: The Smiths, David Bowie, los Beatles... Encajaba a la perfección pero tal cual llegó y se convirtió en una más del grupo salió sin apenas dejar señales de vida, desaparecida por completo. Ni siquiera nos la encontramos en los garitos que frecuentábamos. En el seno del grupo tampoco se le dio mayor importancia. Éramos un grupo abierto con mucha gente de fuera que llegaban, se integraban, se convertían en habituales y se iban. Compartíamos conciertos, risas, a veces algo más... La gente se iba y aparecían otros. Hasta ahí todo normal. Pero con ella era distinto. Supe en cuanto la vi que no estaba a mi alcance. También en eso acerté. Ni por asomo reparó en mí, pero ahí sigue ella posando en mi cabeza. Cada vez menos, pero a veces esa imagen tan bella duele, como una canción de Nick Drake en medio de la noche.

METROPOLE

IDEAS PARA TRIUNFAR (CARTA INTERNA DE TRES PIEZAS)

AIRBAG – Finales alternativos

Hola Tomi,

Tal y como hablamos en la última comida te resumo algunas de las ideas que hemos estado comentando para el próximo disco, tanto para la gira como la grabación, ya nos dices qué te parecen porque igual hay alguna arriesgada:

COLABORACIONES

Tenemos una idea para la colaboración. Vemos bien que en el single contemos con una cantante femenina, pero las que propusiste nos van a quitar protagonismo y encima querrán que repartamos los royalties de las escuchas. Tenemos una amiga que está empezando. Su imagen es brutal pero va justita de voz. La idea, lo hemos probado y queda guay, es generar una voz en IA que quede bien y utilizar su imagen. Hemos probado con la voz de Amy Winehouse y queda genial. Además hemos hecho que se parezca sin ser clavada y da el pego. Nadie se enterará. Al principio queríamos decir claramente que era IA pero hay gente muy purista que no lo entenderá.

LETRAS

Ahí nos tienes que ayudar. Básicamente para el nuevo disco le damos la melodía a una aplicación y le decimos que tipo de letra queremos. Están saliendo nuestras mejoras canciones en años. A partir del resultado modificamos palabras y cambiamos cosas para que no dé el cante. La pregunta que hay que hacer al abogado es, ¿cuánto hay que modificar una canción para que no cuestionen la autoría y nadie se entere?

ESCUCHAS

Esto puede funcionar. Creemos que pese al idioma podemos petar en el mercado asiático. La idea es lo que hablamos de los chinos. Contratamos un equipo para trabajar en la promo. Un equipo de 20 personas, dando play a nuestras canciones sin parar, lógicamente modificándonos IP para que no lo detecten. Hemos hecho cálculos y pueden darnos más de 150.000 reproducciones en unos cinco días. En un mes el millón. Además hay un sistema que cambiando la IP sin salir del sitio pueden repartir las escuchas entre Corea del Sur, Japón y Taiwán y así entramos en varios mercados. Ya sabemos que hay robots que hacen lo mismo pero así es más auténtico y de paso creamos trabajo.

MIEMBROS DE REPUESTO

Tenemos que darle una vuelta seria al tema de girar. Yo como cantante veo difícil que me pueda librar, pero U2 lo han hecho con Larry Mullen Jr en Las Vegas y nadie se ha quejado. Tenemos a David en el equipo, que toca genial todos los instrumentos. Le decimos que será el comodín del equipo y así si uno de la banda está cansado o no puede viajar a alguna fecha tiramos de él. Se darán cuenta los más fans pero tampoco se quejarán. Y lo bueno es que David seguirá haciendo su curro y sin cobrar más. Si eso le dejamos estar en el backstage con nosotros y no se quejará, es muy buen tío.

VOCES PREGRABADAS E IMÁGENES

En esta gira las imágenes han de ser tan protagonistas como la música. De ese modo no hace falta que lo demos todo en el escenario y podemos dosificar. Aparte me siento más cómodo cantando sobre las voces pregrabadas. El único pero es que me he de acordar de mover los labios todo el rato, que no pase un «Muse» como les sucedió a los ingleses en aquel programa de Italia en que hicieron mal el playback a propósito.

Sin más, esta es la idea... estamos muy ilusionados con la gira de «Anoche soñé». Por cierto, para esta gira añadid por contrato alojamiento para un cocinero de Sushi. La anterior gira acabamos un poco hartos de comida casera, meted a uno que haga comida oriental buena. Si puede ser asiático de verdad mucho mejor que eso se nota. Con dos cocineros podremos variar la dieta.

En fin, qué ganas de salir a la carretera.

Un abrazoooooo,
Jack

QUIERO IR A LA TIENDA DE DISCOS DE ALTA FIDELIDAD

MAGA - Diecinueve

Una y otra vez acudiendo al mismo lugar, sin saber muy bien qué buscar pero encontrando un refugio perfecto. Evasión, libertad, emoción... Una y otra vez yendo a mirar los mismos discos, sin ninguna intención de comprar nada en ese momento, simplemente por la satisfacción de tenerlo entre las manos. Quizás ella esté allí... Sí, por allí viene. ¿Qué disco mirará? Mirada de reojo... Nada, da igual en mi cabeza ha habido conexión.

Un nuevo descubrimiento suena en el local, buen gusto tiene el dependiente... Me imagino discusiones entre los empleados por poder poner cada uno su preferen cia. No sé qué debe ser lo que escucho (ojalá hubiera tenido Shazam en aquella época, aunque si entonces ya hubiera existido sin duda hoy no pensaría igual, desde luego no estaría escribiendo sobre la emoción de encontrar el disco buscado entre las baldas, ¿qué más da no encontrarlo si total está en Spotify?).

Quieto, ni te muevas... vuelve a pasar... esta vez seguro que nos chocamos... No, tampoco... qué más da. Busco lo nuevo de Belle and Sebastian y con él en la mano le diré algo. No, demasiado moñas. Mejor algo moderno pero clásico... ¡New Order! Sí, buena elección (ni que decir tiene que ni si quiera me acerco a ella).

Yo a lo mío, disfrutando de mi soledad en mi propia compañía. Revolviendo en la «U», cómo no, éste me lo pido por Navidad. Una mañana allí metido ojeando las carátulas y escuchando el Different class, también para variar...

Hace poco volví al lugar, ahora ya no está, es una tienda de moda... En el escaparate un maniquí con la camiseta de Los Ramones, no me digas que no tiene ironía. ¿Qué será lo próximo...? ¿Pagar con una tarjeta de crédito de los Sex Pistols?

STOP, SE APAGÓ LA MÚSICA

ÉL MATÓ A UN POLICÍA MOTORIZADO - Chica rutera

Por momentos la música había llegado a ser insoportable, agotadora... sonaba en su cabeza continuamente. Quién le iba a decir que necesitaba desconectar y parar.

Durante toda su vida la música había tenido un papel principal, pero aquello era demasiado. Todo empezó cuando la conoció a ella. Su forma de comunicarse era a base de compartir canciones. Se turnaban en poner una selección musical u otra en función del coche en el que viajaban. Siempre eran respetuosos en eso, aunque tuvieran gustos musicales diferentes siempre encontraban algo que compartir que pudiera agradar a ambos y siempre respetaban los turnos del otro.

Sin embargo, el verano fue muy caluroso. Por momentos él asociaba ese bochorno a la música de ella. Además era agotador pensar siempre en la melodía perfecta. Necesitaba descansar. ¿Quién no necesita vacaciones en verano? Ella parecía que lo aguantaba me-

jor. Le daba un poco de pena tener que quedarse ella sola, pero tampoco le agobió en exceso que él se fuera.

Finalmente llegó la ansiada desconexión. Unos días de paz absoluta, sin esa música que no cesaba nunca. Silencio, relax, tranquilidad... ¿A quién quería engañar? Jamás había tenido tantas ganas de música, de volver a compartir esas canciones... Cerró los ojos, se refugió en ese silencio y deseó con todas sus fuerzas que volviera la música.

Ella en cambio seguía allí, con la música y sus canciones. Aliviada de no tener que elegir siempre el tema perfecto y de no tener que compartir el espacio musical con él. Él desde el oasis de silencio lo sabía. La imaginó bailando sin él. Comprendió que ya no cabía en sus canciones. Miró a su alrededor y se dio cuenta que todo el mundo bailaba. No había silencio pero él no escuchaba la música. Se había convertido en lo que siempre había detestado... Gris, silencioso y sin capacidad de reaccionar ante la música. Ella lo desintonizó para siempre. Ella ya estaba en noviembre y él seguía aferrándose al verano. Él era consciente y simplemente se quedó inmóvil, deseando recuperar las ganas de volver a tatarear. Mientras tanto ahí seguía el atronador silencio que solo él escuchaba.

Cerró de nuevo los ojos y por un momento le vino su canción a la cabeza... solo el estribillo pero al menos recuperó la sonrisa. Probablemente no volvería a bailar nunca con ella pero ese recuerdo fugaz le permitió sobrevivir a esa ausencia de música. Ahora sí, cerró los ojos y esa noche recuperó las ganas de soñar, algo muy ligado a la música. La había perdido pero mantenía el estribillo y eso le dio fuerzas. Esa sería la última vez que se refugiaría en el maldito silencio.

EL DÍA QUE TRES PIEZAS ACTUÓ CON JOHN BOY

LA CASA AZUL - El secreto de Jeff Lynne

Fue en uno de los conciertos de presentación de Días de Pop. En un triple concierto organizado por una bebida de refrescos. El cartel por orden de actuación lo firmaba una banda catalana que aún no acababa de despuntar, Love of Lesbian, John Boy y nosotros. En otras ciudades habían actuado artistas de la talla de El Canto del Loco, Pereza o Iván Ferreiro que empezaba carrera en solitario.

Ese día estábamos agotados. A nivel personal yo como cantante no estaba en mi mejor momento, ni a la hora de cantar ni a la hora de tirar de la banda como en teoría se esperaba. Alguna vez lo he hablado con el esto del grupo y sobre todo Paco y Tomi dicen que no era para tanto, pero yo estaba obsesionado con que no era capaz de conectar con el público. Desde luego si un día no conseguí conectar fue en ese concierto, tras salir al escenario después de John Boy.

El público estaba enchufadísimo. Desde horas antes del inicio de los conciertos había gente esperando fuera. Aunque ya era a finales de septiembre aún hacía mucho calor. De hecho, desde la organización dieron agua fría a los fans agolpados en la entrada que, estoicamente, esperaban fuera del acceso. Nosotros estábamos a punto de acabar los conciertos de la temporada, apenas quedaban tres o cuatro bolos y vendrían unas merecidas vacaciones. No sé si merecidas, pero al menos yo las necesitaba como agua de mayo.

Ya durante las pruebas de sonido tuvieron que actuar los responsables de seguridad pues los fans se intentaban colar para poder ver a su ídolo. Al abrir entraron corriendo, así como durante la espera muchos se habían hecho amigos e incluso habían entonado algunas de las canciones, en cuanto se abrió la puerta arrancaron a correr para coger sitio en a primera fila.

El concierto de Love of Lesbian fue muy bueno. Los fans de los tres grupos lo disfrutaron de lo lindo. Ahí ya se podía ver el carisma de la banda. El cambio al castellano les había sentado bien y muchos se sabían sus canciones de principio a fin.

Pero la locura estaba por llegar. Poco antes en la zona de camerinos nos cruzamos con John Boy. Un tipo no muy alto, poco hablador e incluso diría que algo esquivo. Nos saludó cordialmente pero sin apenas hablar se metió en su camerino y no salió hasta el momento de su actuación.

Desde que acabó el concierto anterior los miembros del club de fans empezaron a corear su nombre. Totalmente de locos. Salió al escenario y empezó un griterío equiparable a cuando se marca un gol importante en un estadio de fútbol. Apareció en el escenario cuando éste se encontraba totalmente oscuro y una luz roja lo iluminó. Tenía un desparpajo pocas veces visto. Era como juntar los bailes de Elvis, la voz de crooner de Sinatra y un toque seductor pero gamberro a lo Robbie Williams. Estaba en la liga de grandes front banda tipo Brett Anderson, Liam Gallaguer o Bono. Sin duda John Boy estaba a ese nivel.

Al acabar el concierto que tuvo un bis la gente como loca seguía pidiendo «otra, otra». Pero el timing marcado de la organización no permitía más. Y de nuevo se desató la locura. Primero llorando en primera fila por la emoción contenida de tantas horas. Y luego empezaron a tirar vasos al escenario cuando empezaron a salir los pipas a desmontar para que empezáramos nosotros. Ahí entendí por qué daban vasos de plástico y no de cristal.

A nosotros nos costó arrancar. De hecho, gran parte de los fans de John Boy decidieron irse para mostrar el enfado de que su ídolo apenas hubiera tocado hora y cuarto. Fue tan mágico que pareció transcurrir en un suspiro. Sin extenderme mucho lo dejaremos en que no fue nuestro mejor concierto, y eso que nuestros fans también son muy agradecidos. Pero lo de John Boy y su club de fans era otro nivel. Se denominaban «los raros», pero si veías a su artista favorito actuar en directo te dabas cuenta de que los raros eran el resto de la humanidad.

A partir de ese día me empezó a fascinar todo lo relativo con John Boy, casi me obsesioné: la puesta en escena, la forma de coger el micrófono, los bailes, cómo fijaba la vista y sonreía a los fans de la primera fila. Y no sólo de la primera fila, sin exagerar en algún momento del concierto fijaba la mirada y sonreía o lanzaba un guiño a cada una de las personas de mitad de sala hacia delante. Conseguía transmitir a la audiencia una conexión fuera de lo común. Los fans se iban felices de haber tenido su momento de interacción con su ídolo.

Ese día nos marcó mucho. A mí, como ya he explicado, pero también al resto de la banda. Y por lo visto también a Love of Lesbian que le escribieron una canción. Nunca he escuchado a Santi Balmes hablar de la influencia de John Boy pero ahí está la canción que le dedicó. Si hay un adjetivo que le describe es el de «boreal» como dicen en la canción. Sólo puedes entender lo que quieren decir si lo has visto en directo. Desde ese día tanto la carrera de Love of Lesbian como la nuestra fueron muy para arriba. El resto, como se suele decir, es historia.

EL HIT (CANCIÓN POP DE FINAL DE OCTUBRE)

TRES PIEZAS - Otra vez (siempre pasa lo mismo)

Hubo una época en que la inspiración le seguía a cada instante. En todos los ratos muertos sacaba su libreta que le acompañaba a todas partes y apuntaba ahí textos. A veces eran ideas, otras mini relatos y en la mayoría de ocasiones esbozos que acababan siendo canciones. Luego llegaba a casa, cogía guitarra o se sentaba al piano y en ese tiempo le venía una melodía instantánea que grababa en su ordenador y se convertía en canción.

Aunque sonara a tópico ella fue su gran inspiración. Se conocieron en primavera, el flechazo no fue instantáneo, más bien fue una conexión progresiva. Llegó un día sin darse cuenta que no podían estar el uno sin el otro. En los pocos ratos que no estaban juntos a él le venía una necesidad casi incontrolable de escribir. En aquellos meses apenas dormía, se le acumulaban tantas ideas que tenía que escribirlas. De ese verano y esos momentos de inspiración sacó prácticamente todo el material para su nuevo disco. Escribía sobre ella, los buenos ratos juntos, lo que le inspiraba, le sacaba lo mejor de él... pero también afloraban sus inseguridades, sus miedos, el miedo a perderla. Nunca había tenido tanto material en tan poco tiempo.

Pero como vino se fue. Ella por trabajo cambiaba de ciudad y todo se acabó. Ni si quiera hicieron esfuerzo por seguir juntos. Racionalmente era lo más sensato. Cualquiera de los dos hubiera rectificado sin pestañear si el otro se lo hubiera planteado seriamente y apostado por la relación. Pero no lo hicieron. En ese tiempo le surgieron sus mejores textos. Letras desgarradoras que acompañadas de guitarras distorsionadas eran carne de hit. Semanas más tardes se apagaron sus demonios, consiguió pasar página y volvió la paz, aunque se apagó la creatividad. Con todo el material reunió a su grupo y acordaron entrar a grabar en estudio a principios de noviembre. Le habían pedido que escribiera un tema más luminoso para el single pero él ni se molestó en intentarlo.

El disco estaba perfecto.

Un día recibió un mensaje de ella. Mantenían el contacto así que eso no era novedad. «¿Has escrito últimamente algún texto ñoño de los tuyos?». Él no pudo evitar esbozar una sonrisa. Con eso bastó y así es como surgió el que sería su gran éxito. Días más tarde grababan Días de Pop y ese texto fue su gran canción. La que les dio la fama y millones de reproducciones. El poder de una pregunta. Curioso, ese WhatsApp se podría decir que le cambió la vida.

EL MÁGICO CUENTO DEL CAMALEÓN

DAVID BOWIE - Starman

—Papi, no puedo dormir...

—¿Quieres que te cuente un cuento?

—Vale.

—Te voy a contar una historia que debería explicarse en el colegio.

Érase una vez la historia de un chico que tenía mucha imaginación. Desde joven le encantaba cantar y componer canciones... Sus canciones eran mágicas, hacían sentir mejor a todo aquel que las escuchaba. Era tan creativo que tenía poderes, bastaba que se imaginara algo y se convertía en ello: hombre del espacio, mimo, extraterrestre, pirata, hombre estrella... Tal era su facilidad para disfrazarse que lo llamaban El Camaleón, hasta sus ojos cambiaban de color, todo en él era magia. No paraba de cantar y componer canciones, pronto se haría famoso y querido aunque no

todo el mundo lo comprendía, además El Camaleón era un poco travieso y con sus amigos La Iguana y Lou estuvo a punto de meterse en problemas serios... pero él se aferró a la música y gracias a su luz encontraría el camino para escapar de dentro del laberinto en el que se había metido.

Tal era su grandeza que hasta La Reina quiso nombrarlo Caballero, pero él se negó pues no estaba de acuerdo con muchas de las cosas que la Reina hacía. Él se sentía más cerca del pueblo que de la realeza y eso que también le llamaban El Duque Blanco. Su don para componer grandes canciones le acompañó siempre, hasta en los momentos difíciles y por ello era más que admirado, todos los grandes cantantes querían subirse a un escenario con él, era ejemplo para muchos jóvenes que se inspiraban en El Camaleón y hasta los más ilustres artistas versionaban sus canciones.

Un día El Duque Blanco se puso enfermo... Sin embargo él no deseaba que el pueblo que tanto lo quería se pusiera triste, así que ideó un gran plan... su último plan final. El Camaleón se propuso hacer unas canciones tan bonitas que estuvieran al nivel de la música que él había compuesto durante toda su vida. Era tan bueno que cuando se marchara no quería que nadie le llorara por eso se propuso hacer lo mismo que durante su vida había gustado tanto al pueblo. Su vida había sido arte, así que quiso que su muerte estuviera a la altura y por ello se despidió haciendo arte. Esperó a tener su última colección de canciones preparadas y cuando estuvieron listas se las dio al pueblo, en el mismo día de su 69 cumpleaños. La reacción de la gente fue muy positiva y El Duque Blanco se puso muy contento, por fin podía acabar su plan... Entonces, sólo entonces, El Camaleón realizó su última transformación, El Hombre Estrella se convirtió en Estrella Negra, se subió en su cohete y se marchó sin hacer ruido. Sus allegados querían rodearlo pero era tal su generosidad que les pidió que le dejaran solo, que estuvieran con el pueblo.

Como no podía ser de otra manera todo el pueblo salió a la calle, hombres y mujeres de todo el mundo le recordaban y cantaban sus canciones. Llevaba muchos años sin poder salir a cantar con tanta frecuencia como le hubiera gustado, pero un sentimiento de gratitud empezó a brotar en todo el mundo, nadie se había olvidado de él en ese tiempo... Y con su marcha consiguió algo casi imposible, que un mundo totalmente dividido por una vez se uniera por algo.

Y desde ese día muchas personas comprendieron que cada vez que escuchaban la música de El Camaleón y recordaban su generosidad se sentían mejor y podían conseguir cualquier cosa que se propusieran, incluso convertirse en héroes aunque fuera por un día.

(Dedicado a Nico y Ángel)

LA VERDADERA HISTORIA DE MIS 500 DÍAS CON SUMMER

PIXIES - Here comes your man

Hay muchas cosas que el tiempo puede curar, pero sin duda el engaño y la traición son de las que más duelen y cuestan de olvidar. Hay quien afirma que se llega a pasar página en cuestión de días, semanas o meses... pero en el fondo apenas se arrinconan los recuerdos en una esquina oscura de la mente.

Todo iba tan bien... Supongo que en el fondo me engañaba y sólo quería ver la parte bonita, aunque todavía hoy creo que de verdad era auténtico. Los gustos y aficiones son muy importantes. Sé que llego a ser obsesivo, pero ella lo sabía e incluso lo potenciaba.

Vale, al principio no escuchábamos la misma música... Sin embargo sabía apreciarla. The Smiths, Joy Division, Pixies, Belle and Sebastian... Le encantaban. Recuerdo cómo me agradeció que le descubriera a Los Smiths. Y nos unía la admiración por los Beatles, Ringo era su favorito. El Primavera Sound juntos fue

increíble, me acompañaba a todos los conciertos, nos reíamos, bailábamos... Incluso ir al Ikea con ella era divertido. Pronto nos mudamos, me abrió su casa... y ahí estuvo el error. Me había estado mintiendo, tenía una doble vida.

Un día adelanté la vuelta de un viaje de trabajo, cambié el vuelo sin decirle nada... Le quise dar una sorpresa, sin sospechar que ella me la iba a dar a mí.

Abrí la puerta y la pillé in fraganti... Sonaba una música hortera en el salón. No le di importancia. Se levantó, bajó la música y sin apartar la mirada me lo soltó. Sus ojos se me clavaron fríamente, como si estuviera anestesiada y no sintiera nada, sin importarle saber que me iba a destrozar.

—Hemos de hablar —la frase fatídica.

—¿Qué ocurre?

—No te he sido sincera todo este tiempo... —hizo una pausa interminable antes de decirlo—. Me gusta el reaggeton.

Ese mismo día hice las maletas y me marché... Fue la última vez que hablamos.

CONSULTORIO MUSICAL

GORILLAZ - On melancholy hill

Se podían pasar horas y horas hablando. Eran muy diferentes y al mismo tiempo tenían mucho en común. Cuando él estaba un poco de bajón ella le recomendaba algo melódico pero sin ser estridente, música de Clairo era una buena opción. Ella se sentía un poco melancólica y él le recomendó el disco «Dummy» de Portishead. Un amigo suyo decía que ese era el disco perfecto para una relación, pero no iban por ahí los tiros.

A veces no tenían necesidad más que escuchar música de fondo y ella le decía que se pusiera alguna playlist genérica de alguna marca de ropa que a ella le gustaban. A él le pareció de lo más vulgar, muy poco personal. Sin embargo las canciones eran bien bonitas, ¿acaso no tenía el mismo mérito seleccionar buenas canciones que reconocer y seguir a un buen prescriptor? Ella era mucho más elegante, incluso con mejor gusto musical. Él se negaba a entenderlo y quiso dar

una vuelta de tuerca, no sólo le recomendó «Desorden» de Los Planetas sino que le contó la historia de la canción, dedicada al suicidio del cantante de Joy Division, Ian Curtis. Ella, como no podía ser de otra forma, lo encontró raro, por lo menos inquietante.

A partir de ahí nunca fue lo mismo. Su relación se basaba en sus gustos en común, y lo inquietante no entraba entre sus gustos. Desde ese momento se distanciaron. Jamás volvió a ser igual. Pero fue bonito mientras duró. Muy bonito, aunque apenas fueron un par de atardeceres y una noche de confesiones. Siguieron sus caminos, a veces se cruzaban miradas de complicidad pero ya no era lo mismo. Bajó la intensidad. Los dos estaban aliviados y al mismo tiempo lo echaban de menos. Ella le recomendó Bad Gyal y ahí se acabó todo... él jamás llegó a entenderlo. Ella sintió lástima, pero sin duda mejor así. Cada uno se fue por su lado en sus respectivos coches y sin saberlo se pusieron exactamente a la vez la misma canción, «On melancholly hill» de Gorillaz.

LA PUTA CANCIÓN DE DESAMOR EN LA QUE EL CHICO NO GANA

MIQUI PUIG - La puta canción de amor en la que el chico gana

Esa canción que suena solo para ti. Esa guitarra épica. Un punteado rápido, imposible, pero lo mejor es la voz. Te atrapa su voz. Te encanta. Te dan ganas de bailar. Como si no hubiera nadie a tu alrededor.

Podrías estar desnudo que te daría igual. Y eso que sabes que hay mucha gente alrededor. Nadie te observa pero tú no lo sabes.

Aunque te da igual. Solo querrías que ella te mirara, que te prestara atención. Sabes que ella también baila, pero no te hace ni caso...

Cambia la canción. Te encanta. Eso lo hace más doloroso. Preferirías que la música no fuera contigo, pero esa canción la habías imaginado bailando con ella.

Ella baila con él. Ni se imagina que la observas. Ni se imagina que piensas en ella...

Poco tiempo atrás pudisteis estar juntos. Pero no te enteraste. Ella creía que la ignoraste. Y simplemente no lo viste. La dejaste escapar. Ya no sientes lo mismo. Ahora te dices que da igual, pero te encanta la canción...

Te dejas llevar, sigues el ritmo con el pie... la pierdes a ella, pero también la canción. Nunca opinarás igual. Detestas la canción. Te detestas a ti. Te gustaría detestarla a ella, pero solo quieres besarla.

Te vas a la cama. La visualizas a ella. Escuchas la canción. Maldito punteado. Maldita ella. No puedes evitar mover los pies. No puedes evitar seguir dándole vueltas.

Que pare la música. Que pare que me bajo. Y ella sigue ahí. En tus sueños. Y sí... la canción no se va. El estribillo es perfecto. La melodía es pegadiza. Pero los recuerdos que traen duelen.

LA MUSA

CLAIRO - Sofia

Las canciones que había escrito de repente cobraban sentido. Durante mucho tiempo se basaba en historias del pasado, historias de otros, incluso referencias de películas. Pero fue conocerla a ella y era como si las hubiera compuesto pensando en lo que ahora estaba viviendo.

El protagonista de esas historias ahora sí que era él mismo. Siempre las había escrito en primera persona pero proyectando lo que le pasaban a otros o simplemente tirando de ficción. El estribillo sonrojante que dedicaba a no sabía quién ahora giraba en torno a ella.

De puertas a fuera estaba claro que no lo iba a reconocer. El problema es que él visualizaba una cosa y al final todo se torcía. Para su pesar las únicas canciones que se cumplían eran las de desamor.

La ruptura en que contaba que ella se alejaba y le dejaba sin remordimientos sucedía tal cual en la realidad. Solo que hablar de ruptura era un eufemismo.

FORMENTERA -

Para hablar de ruptura debería haber algo que romper.

Cuando hablaba del dolor provocado por no estar ella allí sí que se cumplía. En cambio, las canciones que hablaban de paseos arreglando el mundo sí que sucedían pero no del modo que él esperaba.

Le funcionaba como fuente de desamor que también le valía para escribir. La inspiración era constante. Hacía mucho que no escribía tanto. Nunca pasaron de esa gran amistad y ello, pese a dolerle, le proporcionaba una fuente de inspiración continua.

Literalmente le dio material para componer un disco entero. De ahí surgió su mayor éxito. Piezas que encajaban como partes de un puzzle, su disco más redondo. Así es como escribió «Días de pop». Lejos de aliviarle le supuso un gran dilema, quería acabar con esa relación de dependencia, pero eso sería renunciar a su musa personal. Cada desplante de ella daba pie a la base para otro single.

Un día sucedió lo inevitable. Los dos pasaron página. Y aunque la amistad prosiguió se desvaneció toda la épica y con ella los textos escritos del tirón. Se apagó la pasión y la química que había en sus inicios. Ganó a una amiga pero perdió a su musa.

Para ser justos se encontraba en una paz interior que hacía tiempo que no sentía, pero el precio había sido muy alto. De nuevo de vio sumido en su remanso de mediocridad.

ALL YOU NEED IS POP

THE BEATLES - All you need is love

«La música es terapéutica, te puede salvar, refúgiate en ella...» y una mierda, es una de las grandes mentiras. Hay pocos placebos menos efectivos que la música. Joder, ¿cómo te va ayudar? Se preparó un té. Se le pasó por la cabeza que una infusión le iba a sentir bien. Le dio un sorbo y le dio asco. Las infusiones no eran lo suyo. Se acordó de aquella jefa que siempre se preparaba infusiones de todos los colores y sabores en el trabajo. No podía con ello...

«¿Estamos tristes por escuchar música pop o escuchamos música pop porque estamos tristes?», menuda tontería, estás triste porque te ha plantado tu chica. Punto.

Esos pensamientos ocupaban su cabeza. Había tocado fondo. Era una de las pocas certezas que tenía en su vida, que quería estar con ella. Ahora tenía una cosa clara, que no lo iba a superar nunca.

La tele al menos sí que anestesia... la pone y reconoce a Bowie de fondo sonando. Sonríe. Igual sí le servía a cambiar de humor. En cambio, el sabor del té le repugnaba, otra certeza. Volviendo a la música, Bowie era lo que necesitaba escuchar para ese momento. Se sentía mejor. Bendito placebo.

Hacía semanas que la relación se había enfriado. Se mantenía la pasión pero decayó la conversación. Todo aquello que le atraía tanto de ella, esas horas divagando sobre una simple idea se habían desvanecido. Ella había cambiado respecto a él, no le dejaba escuchar sus canciones. El otro día iban escuchando a Los Beatles, «All you need is love», y ella dijo que qué tontería de letra.

Fue volviendo de un viaje de trabajo. En el avión la azafata dijo por megafonía algo que tanto había escuchado en películas, «¿hay un médico en el avión?» En ese momento se dio cuenta de lo efímera que era la vida como para estar preocupado por algo que no funcionaba. Por suerte solo fue un susto y el incidente del avión no fue a mayores. Pero ese aviso le hizo reaccionar.

Al llegar del viaje fue a hablar con ella. No pensaba dejarla, sólo explicarle sus preocupaciones. Y sí, estaba en lo cierto. Le allanó el camino, ella le plantó y se acabó la historia. Ya no había «love» y el pop era lo único que le quedaba. Estaba bien fastidiado. Y en su cabeza una y otra vez sonaba ese mensaje de la azafata. ¿Hay un médico en la sala?

EL GRAN CONCIERTO

PULP - Do you remember the first time?

Estaba todo preparado para dar el concierto de su vida. Sentía los nervios de la primera vez. Llevaban una gran cantidad de ensayos a sus espaldas, difícilmente podía salir mal. Le daba miedo que algún día perdiera ese gusanillo de antes de subirse al escenario.

La prueba de sonido fue perfecta. Se oía mucho mejor que en cualquier ensayo, pero algo le impedía disfrutar plenamente del concierto. «Bebe un par de cervezas, pero no te emborraches», es el gran consejo que le dieron una vez.

Por fin llegó el momento. El grupo se acercó y se dispuso alrededor suyo. Ahí le entró algo cercano al pánico. Les pidió que empezaran el concierto sin él. Al minuto de arranque instrumental subió él al escenario. Le temblaban las piernas. Cogió el micro. Le temblaba la voz. La intro se le hizo eterna pero para

la Fortuna

cuando llegó al estribillo estaba ya casi eufórico. ¡Menudo subidón! El concierto pasó volando.

Orgulloso se bajó del escenario y se abrazó a sus compañeros. Podían estar contentos. Había sido un debut apoteósico.

LA ENTREVISTA

PELIGRO - No voy a parar

Ese día no tenían invitados así que, tirando de agenda, le mandó un email al de la discográfica local a ver qué tenían entre manos... Tenía un grupo que justo esa semana iba a sacar un single junto a un sello más grande. Genial, no iba a dar mucho juego pero les cubría la papeleta con una entrevista corta que llenara unos diez minutos de programa.

Empezó la entrevista, la cantante le dijo que estaba nerviosa... no iban a extenderse mucho pero ya iba bien. El single era un auténtico hit, mientras sonaba la canción ella se quedó callada mirándole para ver su reacción. Eso le ruborizó y consiguió que la letra pareciera cantada para él, algo obviamente imposible pues no se conocían de antes. Tenían amigos en común pero nunca se habían visto en persona.

«Háblame de tus influencias». Y hecha la pregunta empezó a vibrar, le encantaban los músicos que realmente disfrutaban con la música, no sólo tocando sino también hablando de ella y escuchándola. Clavaba los ojos en él mientras respondía y ello le intimidaba a la vez que le encantaba. Nunca se había sentido así en una entrevista. Esos ojos tan penetrantes y esa sonrisa hacían que no quisiese que acabara nunca.

Sobre la marcha cambió el guion. Hablaron de su próximo disco, de su gira inminente, de la grabación y el proceso de composición... pero claro solo había una canción para poner. Así que le pidió que dijera una recomendación. La recomendación pasó de una a tres... y los diez minutos de entrevista se convirtieron en algo más de media hora. Menos mal que era un programa de radio y nadie podía ver cómo habían ido improvisando.

Le encantaba entrevistar a gente pero ese día había disfrutado especialmente. Tan atrapado por sus respuestas como por su mirada y su forma de reír. La entrevista había fluido de principio a fin. Pensó que habían conectado. Ese día se hizo fan. Sólo deseaba que llegara el otoño y sacaran el disco para volver a entrevistarla.

Meses más tarde escuchó cómo la entrevistaban en una emisora nacional. Al escucharla reír se acordó del día de la entrevista. Sintió envidia por el locutor. La entrevista fluía igual de bien que el día que él le entrevistó. Se rio solo. Estaba claro que no fue un tema de química mutuo, pero se alegró muchísimo de su éxito.

PIENSAS QUE ME ENTIENDES

(PERO NO SABES NADA SOBRE MÍ)

LOS PLANETAS - DB

«Piensas que me entiendes pero no sabes nada sobre mí». Así empieza «DB» la canción que abre el segundo disco de Los Planetas. Casi con exactitud es la frase que ella le soltó y que a él le dio muchísima rabia. El resto de la letra de esa canción era un poco siniestra, más propia de un acosador que de otra cosa, pero la frase inicial a él le recordaba cuando hablaba con ella.

Se habían pasado varias horas hablando. No una ni dos veces, sino que durante meses habían sido confidentes el uno del otro. Muchas veces, a base de escucharla, él ya sabía lo que ella sentía antes de que ella se lo dijera, pero claro ella quería desahogarse. A nadie le gusta estar hablando y que le corten el final de su historia.

Hacía días que la veía tensa. Pero sabía que si le preguntaba ella se cerraría en banda. Le preguntó qué le pasaba y, como era de esperar contestó que nada.

Al cabo de cinco minutos le empezó a contar unas movidas del trabajo que le habían afectado. Él le dejó hablar y al acabar le comentó que le había notado que algo no marchaba bien. «Tú que sabrás. Piensas que me entiendes pero no sabes nada sobre mí». Desde ese día no volvió a decir que intuía lo que le pasaba y fingía sorprenderse cuando le explicaba lo que para él se leía en su cara.

Al tiempo se pararon esas conversaciones. Al menos no con la frecuencia de antes. Ella había empezado a salir con un chico. Un día ella se sinceró y le contó una de las cosas que más le gustaban de su pareja: «a diferencia de contigo, a él sí que entiende lo que pienso sin tener que explicárselo». Apenas duraron dos o tres meses. «No sabía escuchar» le reconocería más adelante.

Y CANCIONES POP

TRES PIEZAS
ANOCHE SOÑÉ QUE SOÑABAS QUE SOÑABA CONTIGO

T R E S
P I E Z A S

¿Qué fueron primero, las canciones o la historia? La historia, por supuesto, siempre va primero la historia. Incluso cuando se trata de ficción o de la fantasía más absurda, huelga decir eso de "basado en hechos reales". Siempre está basado en algo. La chica de la canción esa que tanto te gusta, por supuesto que existía, tal vez el compositor no era consciente pero su anhelo de que fuera real le daba vida, o casi.

Dejando de divagar os cuento mi historia. Mi principal fallo ha sido siempre mi excesiva imaginación. Anoche soñé que soñabas que soñaba contigo. En realidad, me lo llegué a creer. Ella me dio pie a ello.

Aunque suena a lo de siempre, era primavera. No hacía frío, ni calor, la temperatura perfecta para que no habláramos del tiempo y pudiéramos centrarnos en lo importante, nosotros. El tiempo atmosférico es un mata conversaciones, o sino el principal creador de charlas triviales. "¡Qué calor hace!". "Ay sí, por las noches es imposible dormir". Y en invierno las quejas de que no sé puede ni salir a la calle, que se te congela la cara. Da igual que sea un diálogo entre conocidos o desconocidos, se habla de lo mismo. La única diferencia suele ser el número de tacos intercalados entre la insípida descripción de las condiciones meteorológicas. El verano y el invierno son el culpable de banales conversaciones que al mismo tiempo favorecen el inmovilismo en las relaciones. En verano prima el hedonismo, hace calor pues vamos a la playa, salgamos, pasémoslo bien. En invierno, abrazos, sofá, peli y manta.

En cambio, en primavera y otoño están los sentimientos y emociones a flor de piel. La temperatura no tiene tanto protagonismo y sí lo tienen en cambio los paisajes. "Qué bonitos los paisajes, qué bonitos los campos floridos", obviamente en primavera. Y en otoño inevitablemente se comenta el color del suelo con las hojas caídas y la oscuridad provocada por el acercamiento de los días más cortos.

■

Probablemente eso hace que primavera sea propicia a nuevos romances y el otoño a rupturas. Bueno, seguramente estoy generalizando y diciendo tonterías como un piano... pero es que me viene bien para nuestra historia.

TRES PIEZAS
TODAS LAS
MAÑANAS

TODAS LAS MAÑANAS

Pues sí, era primavera. Apenas nos conocíamos y nos dio por salir de la ciudad. Cerca de su oficina había un camino que acababa en la entrada a un bosque. Y ahí salimos de la civilización y nos adentramos en un paseo que duró más de lo previsto. En apenas unas horas se me abrió en canal y yo a ella. Reímos, nos entendimos y casi salvamos nuestras vidas en aquella conversación. Había química, eso no se podía dudar. Sin darnos cuenta empezamos a compartir más que confesiones. Entró en mi vida y yo en la suya. Todas las mañanas disfrutaba despertándome a su lado. Y yo cuando empiezo una relación me entrego en cuerpo y alma y me rindo a los sentimientos sin coraza... "There is a light that never goes out"... o al menos eso quería creer.

Conozco un camino. Vente conmigo
Para escapar de la ciudad.
Tanto ruido no va contigo.
Transmites paz. Dámelo ya.
Paseando por el campo. Estuvimos arreglando.
Con una conversación. Los problemas de los dos
Y otro día. Estás en mi vida.
En mi castillo. Bueno en este piso.
Para sufrir. No estamos aquí.
Lo pasaremos bien. Al menos otra vez
Todas las mañanas me decías buenos días
Todas las mañanas me decías hola
Todas las mañanas
Todas las mañanas me decías buenos días
Todas las mañanas me decías hola
Love will tear us apart.
There is a light that never goes out.
Todas las mañanas me decías buenos días
Todas las mañanas me decías hola
Todas las mañanas

TRES PIEZAS
ANOCHE SOÑÉ

ANOCHE SOÑÉ

De repente todo giraba en torno a ella. Y lo mejor es que era mutuo... o al menos eso pensaba yo. Las noches que no dormíamos juntos me gustaba pensar que soñaba conmigo. Diría que jamás llegué a soñarlo, pero era una especie de pensamiento recurrente. Cuando lo escribí me parecía bonito, ahora me doy cuenta de que era obsesivo. Bastante enfermizo me atrevería a decir, casi tóxico. Por las mañanas me gustaba preguntarle qué había soñado. De pequeño compartía habitación con mi hermano y a menudo al despertarnos nos preguntábamos el uno al otro qué habíamos soñado por la noche. Recién despertado es cuando es más probable acordarse de un sueño. Por eso genios como Dalí o Miró se echaban un sueño ligero para inspirarse. Dalí cogía una cucharilla entre los dedos y se echaba una siesta sentado, al quedarse dormido se le escurría la cuchara y el ruido de la cuchara contra el suelo le despertaba, eso le permitía acordarse de esas divagaciones durante la vigilia y rápidamente dibujaba o escribía lo que le había venido a la cabeza.

Me hubiera encantado que me dijera que soñaba conmigo, pero nunca ocurrió. Al menos despertarme a su lado era bonito. Merecía la pena, al menos al principio...

■

Anoche soñé que soñabas que soñaba contigo
Me despertabas y no era verdad
Anoche soñé que soñabas que soñaba contigo
Anoche soñé
Me despertaste y no era verdad
Anoche soñé que soñabas que soñaba contigo
Anoche soñé

TRES PIEZAS
BUCLE

BUCLE

Igual de importante que la letra en este caso fue la melodía. Un loop de guitarra era capaz de resumir muy bien aquella etapa de la pareja. Cada día que pasábamos juntos se intuía que estábamos más separados. No sabía cómo sacar el tema, me costaba decirle que la veía distinta. Pero me armaba de valor y lo intentaba. Ella en cambio pasaba de mí. Hacía como que me escuchaba, pero iba a lo suyo. Le podía haber dicho que había visto un elefante en la cocina y probablemente hubiera asentido y sonreído. Siempre me ha dado mucha rabia los adultos que hablan con exagerada condescendencia con los niños. "¿En serio te sabes la canción? ¡Qué pasada!". A ver señora (o señor), que es un niño pero no es tonto... Pues así me sentía yo. "¿Ya no sabes si me quieres? Uy, qué pena, ¿no?... ¿Vemos una peli?".

En fin, que cada vez tenía más claro que eso se tenía que acabar. Y cada vez tenía más claro que a ella le daba igual... Pero seguía totalmente enganchado a ella.

■

Un día te estaba esperando
Como siempre divagando
Pensaba en el universo,
Qué difícil es lo nuestro
¿Estamos solos en el cosmos?
¿Por qué a veces me siento solo?
En ese momento me di cuenta
Y me repetía en mi cabeza
Tanto tiempo pensando
Que no sé qué hacer contigo (y a ti qué)
Tanto tiempo pensando
Que no quiero estar contigo (y a ti qué)
Tanto tiempo pensando
Que no sé qué hacer contigo (y a ti qué)
Tanto tiempo pensando
Que no quiero estar contigo (y a ti qué)
Horas y horas en bucle atrapado
Horas y horas en bucle atrapado
Horas y horas en bucle atrapado
Te doy igual
Siempre igual
Te da Igual
Siempre igual
Cuando te lo planteé,
Pensaba que estábamos bien
Te lo empecé a explicar
Y pronto dejaste de escuchar
Yo te hablaba preocupado,
Tú asentías a mi lado
En ese momento me di cuenta
Y me repetía en mi cabeza

TRES PIEZAS | EL AÑO PASADO (CUANDO ME DECÍAS LO DE FRIDAY I'M IN LOVE

EL AÑO PASADO
(CUANDO ME DECÍAS LO DE "FRIDAY I'M IN LOVE")

"Lo siento, hemos de hablar. No eres tú, soy yo. En el fondo es lo mejor y lo sabes. No podemos seguir así. En el fondo es lo mejor para ti"...

Más que la ruptura en sí fue lo poco que se esforzó en dejarme. Yo tenía claro que lo nuestro no funcionaba, pero intenté arreglarlo. Ella no hizo el menor esfuerzo y cuando se cansó cerró la puerta y me plantó. Encima parecía que me hacía un favor. Debí empezar a sospechar cuando llegaba el fin de semana y se encerraba en el baño una hora, acicalándose con la música a tope preparándose para salir. Iluso de mí aún le preguntaba si reservaba en algún sitio. Y no, había quedado para salir y me decía que no la esperara... sin ni si quiera avisarme antes para que me organizara planes por mi cuenta.

Quizás por eso me decía a mí mismo una vez que lo dejamos que "como en casa en ninguna parte". No necesitaba a nadie más. Estaba perfecto. Me daba igual que me hubiera plantado. Me decía a mí mismo que estaba perfecto. Sin duda estaba bien fastidiado.

■

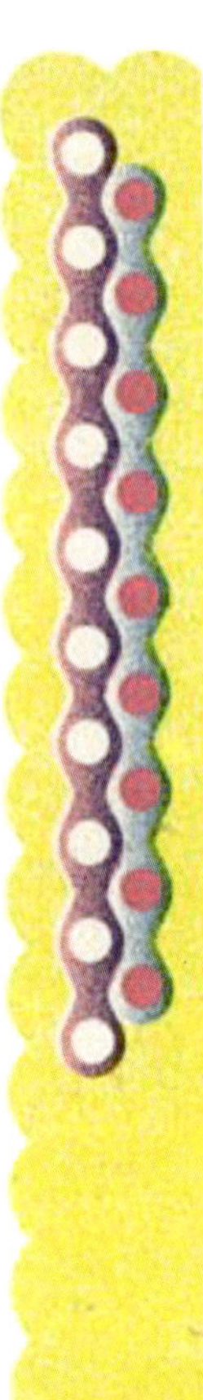

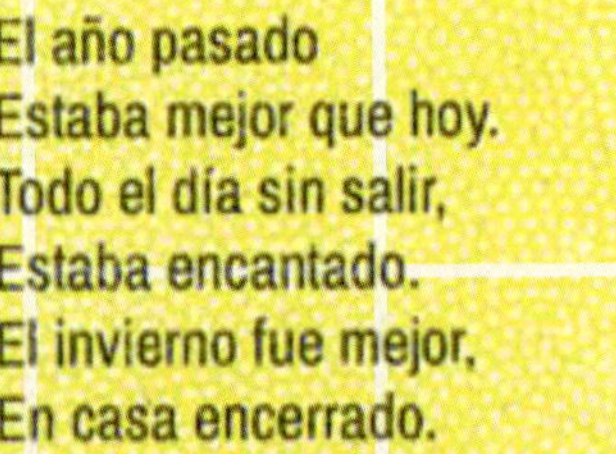

El año pasado
Estaba mejor que hoy.
Todo el día sin salir,
Estaba encantado.
El invierno fue mejor,
En casa encerrado.

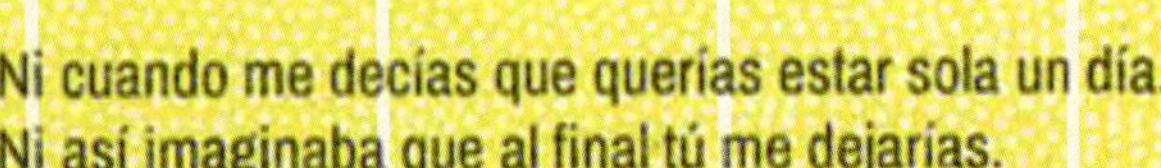

Ni cuando me decías que querías estar sola un día.
Ni así imaginaba que al final tú me dejarías.

Me decías lo de
"Friday I'm in love"
Y te referías que sin mí
Estabas mejor
Todo el día sin salir,
Estaba encantado
El invierno fue mejor,
En casa encerrado.

Ni cuando me decías que querías estar sola un día.
Ni así imaginaba que al final tú me dejarías.

Cuando me soltabas
Que en el fondo me ayudabas...
Yo solo quería
Olvidar tu cara guapa.

El invierno fue mejor,
Aún sigo equivocado
El invierno fue
Mejor, mejor, mejor.

TRES PIEZAS
TAL VEZ

TAL VEZ

Pues sí, sinceramente no entiendo que me llamara para quedar. Y menos que fuera para hablarme de su nuevo novio y que se iban a mudar juntos. "No quiero que te enteres por otros". Entonces que no lo postee en Instagram, pregonando a los cuatro vientos lo bien que estaba con ese tonto. Me ahorré decírselo.

Me hizo daño, me hubiera mudado a su horroroso piso sin luz, con los dos gatos que me daban alergia y que se hacían pis en mis zapatos. Lo hubiera hecho sin dudarlo. Menos mal que no lo hice.

"Somos jóvenes, vayamos despacio"... Hay que ver la de tonterías que me decía. Ya me lo habían dicho mis amigos que ella jugaba conmigo, que me tenía cogido y que luego tonteaba con otros. Iluso de mí no me lo creía.

Tenía clarísimo que no quería volver a verla. Me hizo un daño que me costó mucho olvidar. De hecho, no podré perdonarla jamás. Por eso cuando me dijo que me quería ver otra vez me pareció una pésima idea. Pero soy idiota, lo tengo claro. Ahora no sé qué hago en este frío Starbucks esperándola. Soy tan tonto que quedaremos y aún le daré consejos para que le funcione lo suyo con el tipo ese.

■

Yo creía que tú eras sincera
Tallé para ti ídolos de madera
Para mí siempre fuiste la primera
La única chica en salir a la carretera

Resultaste ser una embustera
Mis amigos lo veían desde afuera
Acabé derramando mis lágrimas sobre la acera
No podría perdonarte, aunque quisiera

No lo entiendo, no lo entiendo, no lo entiendo

Quiero y tal vez,
no sé si debo y tal vez,
no sé si puedo y tal vez
no sé si quiero

Quiero, quiero, quiero, quiero

No había manera de que yo lo entendiera
Contigo habría volado hasta la estratosfera
Ahora veo que es mejor que no lo hiciera
Te odiaré siempre hasta el día en que me muera
No lo entiendo, no lo entiendo, no lo entiendo

Quiero y tal vez,
no sé si debo y tal vez,
no sé si puedo y tal vez
no sé si quiero

Quiero, quiero, quiero, quiero

TRES PIEZAS
INVIERNO GRIS

INVIERNO GRIS

No voy a negarlo. El día que me dejó me hizo daño. Lo recuerdo perfectamente. Pero el dolor dio paso a la indiferencia. Vale, no fue tan rápido como lo quiero recordar. Pero tras la rabia, pasé página. Y volví a reír después de un mes de ni si quiera pisar la calle. Y conocí a otras chicas. Y las dejé. Y me dejaron. Y no vale la pena escribir sobre ellas. Y tampoco vale la pena seguir escribiendo sobre ella. Ya no más. Fue bonito, pero me hizo daño. Aunque después de la tormenta viene la calma. Suena a topicazo pero es verdad... Ese invierno gris, como si de una canción de La Buena Vida se tratara, acabé siendo feliz.

■

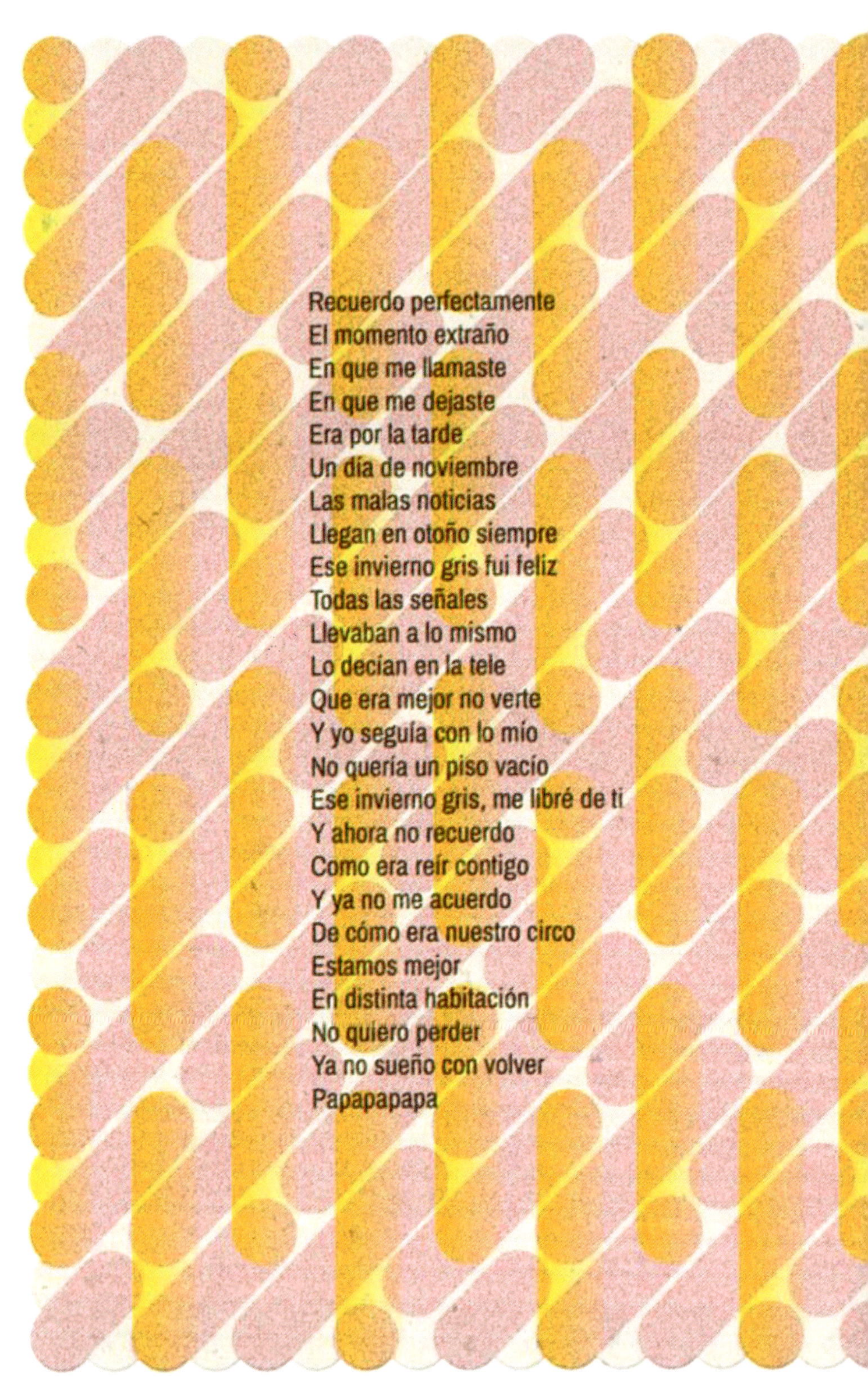
Recuerdo perfectamente
El momento extraño
En que me llamaste
En que me dejaste
Era por la tarde
Un día de noviembre
Las malas noticias
Llegan en otoño siempre
Ese invierno gris fui feliz
Todas las señales
Llevaban a lo mismo
Lo decían en la tele
Que era mejor no verte
Y yo seguía con lo mío
No quería un piso vacío
Ese invierno gris, me libré de ti
Y ahora no recuerdo
Como era reír contigo
Y ya no me acuerdo
De cómo era nuestro circo
Estamos mejor
En distinta habitación
No quiero perder
Ya no sueño con volver
Papapapapa

Editado por Runaway y Rapitbook.

Textos a cargo de Pau Forner. Ilustraciones de los textos a cargo de Carlos Riera. Ilustraciones de las canciones a cargo de Gabi Bonet.

Canciones grabadas en Estudio Favela en directo el 21 de octubre de 2023 y acabadas y masterizadas entre noviembre y diciembre.

Letras a cargo de Pau Forner menos "Tal Vez" de Gabi Bonet y Pau Forner.
Música a cargo de Tres Piezas.

Producción y máster: Pep Toni Ferrer.

Tres Piezas lo forman:

David Fernández-Corroto: bajo y teclados
Gabi Bonet: Guitarras eléctricas, teclados y coros
Javier Rosselló: Guitarra Acústica
Carlos Riera: Batería
Pau Forner: Voz

01. TODAS LAS MAÑANAS
02. ANOCHE SOÑÉ QUE SOÑABAS QUE SOÑABA CONTIGO
03. BUCLE
04. EL AÑO PASADO
05. TAL VEZ
06. INVIERNO GRIS